El mundo que nos rodea

El mundo que nos rodea

¿Qué es un río?

Monica Hughes

Traducción de Paul Osborn

Heinemann Library

Chicago, Illinois

© 2005 Heinemann Library
a division of Reed Elsevier, Inc.
Chicago, Illinois

Customer Service 888-454-2279
Visit our website at www.heinemannlibrary.com

Page layout by Michelle Lisseter, Heinemann Library
Photo research by Maria Joannou, Erica Newbery, and Kay Altwegg
Printed and bound in China by South China Printing Company

09 08 07 06 05
10 9 8 7 6 5 4 3 2 1

Library of Congress Cataloging-in-Publication Data
A copy of the cataloging-in-publication data for this title is on file with the Library of Congress.
  [What Is a River? Spanish]
  ¿Qué es un río? / Monica Hughes.
  ISBN 1-4034-6584-3 (HC), 1-4034-6589-4 (Pbk.)

Acknowledgments
The publishers would like to thank the following for permission to reproduce photographs: Alamy (Comstock Images) p. **17**; Corbis pp. **6** (Jose Fuste Raga), **9**, **12** (Lynda Richardson), **13**, **15**, **16** (Pat O'Hara), **19** (Natalie Fobes), **20** (Joseph Sohm/Chromosohm Inc.), **22** (Natalie Fobes), **23d** (Lynda Richardson) **23f** (Pat O'Hara); Digital Vision p. **22**; Getty Images (Photodisc) pp. **5**, **7**, **8**, **10**, **11**, **14**, **21**, **22**, **23b**, **23c**, **23e**; Harcourt Education Ltd (Corbis) p. **22**; NHPA (Alan Williams) p. **18**; Robert Harding Picture Library pp. **4**, **23a**.

Cover photograph reproduced with permission of Getty Images (Photodisc).

Every effort has been made to contact copyright holders of any material reproduced in this book. Any omissions will be rectified in subsequent printings if notice is given to the publisher.

Many thanks to the teachers, library media specialists, reading instructors, and educational consultants who have helped develop the Read and Learn/Lee y aprende brand.

Special thanks to our bilingual advisory panel for their help in the preparation of this book:

Aurora Colón García
Literacy Specialist
Northside Independent School District
San Antonio, TX

Leah Radinsky
Bilingual Teacher
Inter-American Magnet School
Chicago, IL

Ursula Sexton
Researcher, WestEd
San Ramon, CA

Contenido

Unas palabras están en negrita, **así**.
Las encontrarás en el glosario en fotos de la página 23.

¿Has visto un río?

Es posible que hayas visto un pequeño río, llamado arroyo.

Puede que hayas cruzado un puente desde una **orilla** a otra.

Un río es un **canal** de agua que fluye hacia el océano.

Hay ríos por todo el mundo.

¿Dónde se encuentran los ríos?

Algunos ríos serpentean por el campo.

Otros ríos pasan por los pueblos y las ciudades construidos en sus **orillas**.

Algunos ríos fluyen por las
montañas o por los bosques densos.

Todos los ríos comienzan en las
tierras altas y bajan hacia el océano.

¿Qué ves al mirar un río?

A veces un río fluye rápidamente y es efervescente.

Cuando cae ruidosamente desde una cascada, un río es blanco y espumoso.

Algunos ríos fluyen muy lentamente y pueden ser turbios y barrosos.

¿Qué ancho tiene un río?

Un río es estrecho en su **nacimiento**.

Algunos son tan estrechos que una **orilla** está cerca de la otra.

Algunos ríos son anchos.

Un río se vuelve más ancho cerca del mar, cuando más agua fluye dentro de él.

¿Qué profundidad tiene un río?

Algunos ríos son tan poco profundos que puedes tocar el **lecho**.

El nivel de un río baja en tiempos calurosos o cuando no hay lluvia.

Algunos ríos son muy profundos.

Son tan profundos que grandes barcos pueden navegar en ellos.

¿Qué largo tiene un río?

Los ríos pueden tener longitudes diferentes.

La mayoría empiezan como arroyos pequeños y se unen con otros arroyos para formar ríos largos.

Algunos ríos son muy largos.

Se mide un río desde su **nacimiento** hasta su **desembocadura,** donde se encuentra con el mar.

¿Cómo cambia la tierra por los ríos?

A medida que un río fluye por la tierra, mueve las piedras y el suelo.

A través de miles de años talla las **orillas** y el **valle**.

A veces un río se desborda e inunda la tierra.

Las inundaciones pueden causar mucho daño.

¿Qué vida hay en un río?

Muchos animales viven en un río o en las **orillas** de un río.

Las nutrias y los castores hacen sus hogares en la orilla.

Un río es hogar para muchos tipos de peces.

Diferentes plantas crecen en los ríos también.

¿Cómo usan los ríos las personas?

Todos necesitamos el agua para vivir, y mucha agua viene de los ríos.

Los ríos se pueden usar para viajar en bote.

Por todo el mundo hay personas que viven a los lados de un río.

¡También se pueden usar los ríos para divertirse!

Prueba

¿Cuáles de estos animales viven en un río o en la orilla de un río?

Glosario en fotos

orilla

páginas 4, 6, 10, 16, 18

el lado de un río

canal

página 5

suelo y lados de un río. El agua de un río fluye a través del canal.

desembocadura

página 15

lugar donde un río fluye en el océano

lecho

página 12

suelo de un río

nacimiento

páginas 10, 15

lugar donde el río comienza

valle

página 16

tierra baja entre colinas. Los ríos a menudo fluyen por los valles.

Nota a padres y maestros

Leer para buscar información es un aspecto importante del desarrollo de la lectoescritura. El aprendizaje empieza con una pregunta. Si usted alienta a los niños a hacerse preguntas sobre el mundo que los rodea, los ayudará a verse como investigadores. Cada capítulo de este libro empieza con una pregunta. Lean la pregunta juntos, miren las fotos y traten de contestar la pregunta. Después, lean y comprueben si sus predicciones son correctas. Piensen en otras preguntas sobre el tema y comenten dónde pueden buscar la respuesta. Ayude a los niños a usar el glosario en fotos y el índice para practicar nuevas destrezas de vocabulario y de investigación.

Índice

Respuesta a la prueba

Los peces viven en los ríos. Las nutrias viven en la orilla.